Où est ce poisson?

Barbara Brenner et Bernice Chardiet
Illustrations de Carol Schwartz

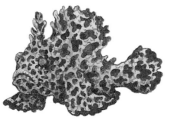

Texte français de Dominique Chauveau

Scholastic Canada Ltd.
123, Newkirk Road, Richmond Hill (Ontario) L4C 3G5

Données de catalogage avant publication (Canada)

Brenner, Barbara
Où est ce poisson?

Traduction de: Where's that fish?

ISBN 0-590-24226-1

1. Poissons — Ouvrages pour la jeunesse.

2. Jeux à images — Ouvrages pour la jeunesse.

I. Chardiet, Bernice. II. Schwartz, Carol. 1954-. III. Titre.

QL617.2.B7414 1994   j597   C94-930012-8

Pour toute information concernant les droits, s'adresser à Scholastic Inc., 555 Broadway, New York, N.Y. 10012.

ISBN 0-590-24226-1

Titre original : Where is that fish?

Édition publiée par Scholastic Canada Ltd., 123, Newkirk Road, Richmond Hill (Ontario) Canada L4C 3G5.

4 3 2 1   Imprimé à Singapour   4 5 6/9

09

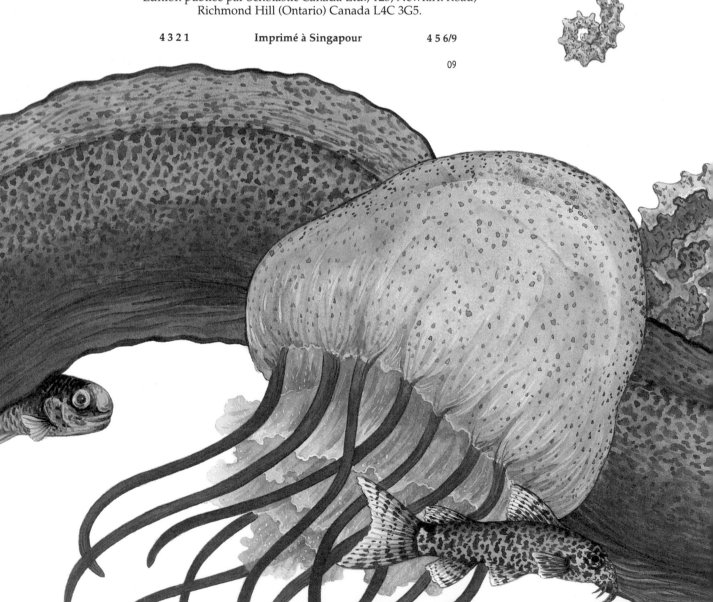

Introduction

Allons! Viens!
Tu n'as besoin de rien!
Tourne vite les pages
Et entre dans la nage!

Poissons bleus,
Méduse bleue,
Poissons rouges,
Que ça bouge!

Comme ils sont différents!
Comme ils sont surprenants!
Plusieurs aiment se cacher,
Sauras-tu les trouver?

Un poisson-clown se cache

Un récif de corail présente toujours un danger! Mais le petit poisson-clown a trouvé un endroit où se cacher en toute sécurité. Il se pose sur une anémone de mer — un animal marin qui ressemble à une fleur. Vois-tu la tête du poisson-clown qui dépasse?

Le savais-tu?

Les bras paralysants de l'anémone de mer sont
habituellement mortels pour les petits poissons.
Mais ce poisson-clown ne court aucun danger.
C'est un poisson-clown spécial à qui l'anémone
de mer ne fait aucun mal. Pourquoi l'anémone
de mer n'est pas dangereuse pour ce poisson
spécial? Les scientifiques tentent toujours de
résoudre ce mystère!

Un poisson-chat fou, fou!

Voici une foule de poissons. Peux-tu trouver les poissons-chats? Ce sont les poissons qui ont des «moustaches». Regarde! L'un d'eux nage sur le dos.

Le savais-tu?

Il existe plusieurs sortes différentes de poissons-chats. La plupart d'entre eux ont des moustaches semblables à celles d'un chat, appelées barbeaux, qui les aident à trouver leur nourriture. Il existe plus de mille sortes de poissons-chats — y compris le poisson-chat qui nage sur le dos!

Quelque chose d'étrange!

Ces poissons se nourrissent de plantes aquatiques. Mais attends! Il y a quelque chose d'étrange! Un de ces rochers recouverts de plantes aquatiques est un poisson-crapaud! Il attend, immobile, le moment d'aspirer les petits poissons dans sa grande bouche. Lequel de ces poissons est le poisson-crapaud? (Indice : cherche deux yeux bleus.)

Le savais-tu?

Le poisson-crapaud nage rarement. Il reste au fond de l'océan et attend sa nourriture. Lorsqu'il se déplace, il se sert de ses nageoires pour sauter. Maintenant, devines-tu pourquoi on l'appelle poisson-crapaud?

Une garderie d'hippocampes

Une tête comme celle d'un cheval. Une queue comme celle d'un singe. Une poche ventrale comme celle d'un kangourou. Est-ce un poisson? Oui : C'est un hippocampe! Quelque part, dans cette scène aquatique, il y en a cinq — deux hippocampes adultes et trois bébés. Peux-tu tous les trouver?

Le savais-tu?

Chez les hippocampes, c'est le père qui porte les petits. La femelle pond les oeufs dans la poche ventrale du mâle. Le mâle porte les oeufs et donne naissance aux bébés. Les bébés hippocampes sont environ de la taille de l'ongle de ton pouce.

Des poissons qui éclairent!

Dans les régions les plus profondes de l'océan, il fait toujours aussi noir que la nuit. Les poissons-lanternes transportent leur propre lumière!

Le savais-tu?

Il existe plus de 300 espèces de poissons-lanternes. Chacune d'elles possède un modèle différent de lumière sur le corps. Certains ont des lumières sur leur tête; une espèce de poissons-lanternes en a sur la langue. Ces lumières attirent les proies dans sa bouche. Peux-tu trouver six poissons-lanternes dans cette illustration?

L'étoile de mer sournoise

Les étoiles de mer se nourrissent de plusieurs animaux marins. Dans cette illustration, une étoile de mer se glisse sournoisement vers une coquille Saint-Jacques. La coquille Saint-Jacques possède beaucoup d'yeux. Peut-être qu'elle verra l'étoile de mer à temps. La vois-tu, toi?

Les étoiles de mer existent en plusieurs couleurs
et grandeurs. Tu peux parfois les trouver sur la
plage. Leurs bras saisissent et retiennent les
proies. Si une étoile de mer perd un de ses bras,
il lui en repoussera un autre à la place.

Un bijou de poisson

Les poissons-joyaux sont reconnus pour leur couleurs merveilleuses. Il n'y en a pas deux pareils, comme tu peux le voir. Dans cette scène, tu trouveras neuf poissons-joyaux... tous différents... et un poisson-zèbre qui se cache.

Le savais-tu?

Le poisson-zèbre a raison de se cacher. Les poissons-joyaux  sont des brutes. Ils attaquent les autres poissons. Si tu as un aquarium chez toi, n'y mélange pas d'autres sortes de poissons avec des poissons-joyaux.

As-tu déjà vu une feuille nager ?

Voici un étang d'eau douce tranquille avec des poissons qui nagent et des feuilles mortes qui flottent. Saurais-tu les reconnaître? Les poissons-feuilles ressemblent énormément aux feuilles mortes. Lesquelles sont les feuilles? Lesquels sont les poissons?

Le savais-tu?

Les poissons-feuilles se laissent dériver lentement, la tête pointée vers le bas. Leurs yeux et leurs nageoires se confondent à leurs couleurs. Certains d'entre eux ont même une petite «tige» suspendue à leur bouche! Les poissons-feuilles sont de gros mangeurs. Un tout petit poisson-feuille mangera l'équivalent de son poids en nourriture, chaque jour.

Le monstre des cavernes!

Animaux marins, attention! Une murène rôde dans cette caverne de corail. Peux-tu voir sa tête tachetée? Si elle attaque, tout son corps glisse en serpentant hors de sa cachette. Elle a de grosses dents et, parfois, mord même les gens. Trouve vite ce monstre!

Le savais-tu?

Certaines murènes sont rayées comme les zèbres. D'autres ont des taches ou des couleurs vives. Elles respirent la bouche ouverte, c'est pourquoi elles semblent toujours être sur le point de mordre!

Des anchois à l'école!

Un groupe de poissons s'appelle un banc.
Plusieurs poissons voyagent en larges
groupes comme celui-ci.
Voici un banc d'anchois qui voyagent de
leur manière préférée —les plus petits en
haut et les plus gros en dessous.
Oh oh! Dans ce banc, il y a quelques
poissons qui ont besoin d'une leçon.
Deux petits anchois se tiennent avec les
plus gros. Les vois-tu?

Le savais-tu?
Bien que les anchois soient des petits poissons,
il en existe des millions et des millions.
Ils servent de nourriture aux poissons et aux
gens, aussi.

Des poissons rouges tout partout

Voici un aquarium qui contient plusieurs variétés différentes de poissons rouges. L'un d'eux a les yeux sur le dessus de la tête. Il ne peut pas te voir. Mais toi, peux-tu le voir?

Le savais-tu?

Les poissons rouges peuvent être bleus, verts, noirs, bruns, jaunes ou blancs, tout comme ils peuvent être orange. Le poisson rouge qui a les yeux vers le ciel s'appelle un poisson rouge «yeux au ciel». Depuis plus d'un millier d'années, les gens ont fait l'élevage des poissons rouges. Cela explique pourquoi il y a tant de variétés.

Festival de méduses

Ces méduses qui se déplacent dans l'eau
ressemblent à des petits parapluies en gélatine.
Elles sont toutes différentes. La plus petite est
la cuboméduse. Elle est environ de la taille
d'un raisin. Ses tentacules peuvent piquer et
tuer ses proies. Peux-tu trouver
la cuboméduse?

Le savais-tu?

Certaines méduses sont bleues; d'autres roses,
violettes, brunes ou d'autres couleurs. Toutes
les méduses possèdent de longues tentacules
venimeuses avec lesquelles elles tuent
leurs proies.

MÂLE

FEMELLE

Guppys à gogo!

Voici un mâle et une femelle guppys. Peux-tu croire qu'ils sont les parents de tous les guppys dans cette grande illustration! Combien de guppys y a-t-il en tout?

Peux-tu trouver huit guppys mâles?

(*Indice* : Les mâles sont plus petits que les femelles.)

Le savais-tu?

Le nom guppy vient du Révérend Robert Guppy — l'homme qui a découvert ces poissons. Les guppys se reproduisent très rapidement. C'est pourquoi il y en a autant.

La fiesta des poissons

Les poissons du récif de corail font la fête.
Peux-tu reconnaître les invités? Regarde bien
et tu trouveras quelques-uns de ceux que tu
as rencontrés dans les pages précédentes : un
poisson-clown, une anémone, une murène,
un hippocampe et une méduse.
Et une étoile de mer aussi!

Anchois
10 cm

Poisson-clown
15,25 cm

Poisson-crapaud
15,25 cm

Poisson rouge
jusqu'à 35,5 cm

Guppy
6,25 cm

Poisson-lanterne
2,5 à 15,25 cm

Poisson-joyau
10 cm

Murène
15 cm à 3 m

Poisson-feuille
10 cm

Hippocampe
20,32 cm

Méduse
jusqu'à 30,5 cm
(avec les tentacules)

Étoile de mer
16,5 à 91,4 cm

Poisson-chat à l'envers
10,16 cm